SECONDE SÉRIE.

DOUZIÈME LIVRAISON.

LE MINISTÈRE,

LE GOUVERNEMENT,

LA NATION,

HOMMAGE AU ROI,

SALUT DE LA FRANCE;

PAR LE MARQUIS DE CHABANNES.

PARIS,

AUX BUREAUX DU RÉGÉNÉRATEUR,

Palais-Royal, galerie d'Orléans, n. 17, et passage
du Saumon, n. 27.

1831.

Cette livraison renferme quatre chansons.

1° *Ce que le Ministère a fait et ce qu'il fait ;*

2° *Ce que le gouvernement aurait dû et devrait faire ;*

3° *Ce que la nation doit faire ;*

4° *Le Jour de la Saint-Philippe,*

Et se termine par l'exposé le plus concis et le plus précis de ce que chacun doit faire pour concourir à nous arracher du chaos où nous nous trouvons, et au salut de la France.

AVIS PRÉLIMINAIRE.

Ces quatre chansons furent préparées à la fin du mois dernier, la quatrième le 29. Elles devaient être publiées successivement et séparément ; mais les embarras que me suscitèrent les vexations des actes arbitraires de la police, et les fourbes et méprisables accusations du ministère public (on en trouvera les détails dans les trois chansons précédentes, et dans le nouvel imprimé renfermant un plaidoyer d'un grand intérêt, que je publie aujourd'hui), m'en firent suspendre l'impression, et m'avaient inspiré un tel dégoût, que je fus pendant plus de quinze jours presque découragé et prêt à tout abandonner. Je me trouvais dans cet état de perplexité, lorsque les nouvelles impudences de l'administration des domaines de la maison d'Orléans vinrent de nouveau soulever tous mes sens, et redoubler ma trop juste indignation de ces précédens procédés. Je devins donc plus résolu que jamais de ne pas céder à des traits aussi révoltans, et de ne jamais plier sous l'iniquité et l'abus du pouvoir ; mais je dus attendre l'issue du procès criminel, que je dénommerai à plus juste titre, du procès criminellement intenté contre moi, et dont l'écrit précité que je publie aujourd'hui expose les détails et la fin. D'un autre côté, l'urgence et l'intérêt du moment me déterminent à réunir ces quatre chansons dans une seule livraison, sans y joindre les réflexions que je me proposais d'ajouter à chacune d'elle, espérant que la précision de ces couplets suffira pour attirer l'attention sur les sujets importans qu'ils présentent, et que l'esprit et le jugement des lecteurs suppléeront aux développemens que je m'étais proposé de leur donner, et qu'en grande partie mon plaidoyer renferme. Entraîné par mon destin extraordinaire, jusqu'à ne pouvoir pas même m'arrêter, désormais rien ne me retiendra, et, sous l'égide des lois, je braverai les fureurs de ce fourbe ministère, les continuelles et méprisables malversations de la police, les écarts scandaleux du ministère public. Je le répète donc ici avec la détermination la plus prononcée :

Vil abus du pouvoir je suis plus fort que toi;
Tu voulus m'écraser et tu plieras sous moi.
La France avec horreur en tous lieux te contemple,
Et de te résister je donne encor l'exemple.
Tous tes efforts sont vains pour étouffer ma voix,
Les droits des citoyens valent les droits des rois !
Pas à pas je saurai dans tes détours te suivre,
Devant les tribunaux ose encor me poursuivre :
Ecrasé sous le poids de mon profond mépris,
Tu verras qui je fus, tu sauras qui je suis.

Ce n'est certes pas Philippe Ier qui pense un instant à exercer aucun arbitraire ni à violer ses sermens.

Toutes ses actions, toutes ses paroles en sont constamment la preuve; mais qu'un prince est souvent exposé à être déçu, à être trompé ! J'en fais une triste et double épreuve, car il ne put y avoir d'écrits plus favorables à ses intérêts que ceux que je publiai les 30 juillet, 3 et 7 août, ni d'hommages plus purs et plus vrais que ceux que je n'ai cessé de rendre à ses vertus et à celles de son auguste épouse.

Quels traits plus honteux n'ai-je pas éprouvé de la part de ses valets? Quelle persécution plus basse et plus acharnée n'ont pas exercé envers moi la police, le ministère public, les ministres qui se sont si *rapidement succédés?* Ce serait tomber dans une grande erreur que d'attribuer cette vacillation à la force des événemens ; elle ne provint que de défaut de jugement, de plates intrigues, du miopismes des conseils de la couronne, en un mot, de leur manque de droiture, de sincérité et surtout de plan.

Puisse Philippe Ier, tel que Charles X et sa famille, ne pas avoir lieu de reconnaître que je les avais vainement avertis de leurs erreurs, de leurs dangers ! Que de gloire et de puissance le Roi élu des Français, n'eût-il pas pu acquérir, s'il eût jeté les yeux sur les écrits que j'ai eu l'honneur de lui adresser, ainsi qu'à sa famille et à tous ses alentours ?

Ah ! que les accens de la vérité ont de peine à percer jusqu'aux oreilles des Rois !

Malgré tous mes ennuis, constant dans mon système,
Je n'en serai pas moins fidèle au Roi *quand même ;*
Mais autant toutefois qu'il respecte les droits
Que nous ont garantis ses sermens et les lois.

CE QUE LE MINISTÈRE A FAIT

ET CE QU'IL FAIT.

Air *de la Parisienne.*

Ayant pris une fausse route,
A commencer du huit août,
Au lieu de bâtir sur la voûte,
Il s'est plongé dans un égout ;
Et depuis lors il y barbotte,
Tenant en ses mains sa marote,
    Et de jour en jour
    Plus fou sans retour,
Sa fureur croissant veut, par la loi d'amour,
    Rendre le Roi despote.

Pour arriver au despotisme
Sur des députés sans pouvoir,
Et sur le machiavélisme
Il a fondé son double espoir ;
Après neuf mois entiers d'attente,
Pour décevoir la juste entente
    De nos électeurs,
    Sur les seuls auteurs
De ce vrai chaos et de tous nos malheur,
    Il répand l'épouvante.

Aujourd'hui ce sont les carlistes,
Et demain les républicains,

Qu'il accuse d'être anarchistes,
Tandis qu'en lui sont les levains;
Mais ce que je ne puis comprendre,
C'est qu'on puisse encor s'y méprendre;
    Conspirations,
    Accusations,
Sont évidemment toutes inventions
    D'archi-fourbes à pendre (1).

    Lorsqu'à mort je jurai la guerre
    Contre Laffitte et ses faux plans,
    Aurais-je cru qu'un ministère
    Pourrait avoir des torts plus grands ?
    A la plus extrême arrogance
    Perrier joint encor la démence,
        Et l'audacité
        De cet entêté,
Par sa violence et sa stupidité,
    Perd le trône et la France.

----

(1) Ici la rime va plus loin que ma pensée ; suppléez-
y dans la vôtre ; *à renvoyer*.

CE QUE LE GOUVERNEMENT AURAIT DU ET DEVRAIT ENCORE FAIRE.

Même air.

A L'EXTÉRIEUR.

Juger la hauteur de sa sphère
Et proclamer au monde entier
Que la liberté sur la terre
Aura dans lui son chevalier;
Qu'instrument de la Providence
De l'homme il veut la délivrance;
   Que sans intérêt,
   Du plus faible acquêt,
Le guerrier français en tous lieux sera prêt
   A prendre sa défense.

A L'INTÉRIEUR.

Du Français apprécier l'ame,
Lui présenter le point d'honneur,
Et rallumer la noble flamme
Dont le foyer est dans son cœur:
Faire parler son amour-propre
Contre ce qui peut être impropre;
   Et pour son prochain,
   Soyez bien certain,
Ne pouvoir trouver parmi le genre humain
   Un modèle plus propre.

Par ces deux marches, je le jure,
Rien n'égalerait les bienfaits
Dont bientôt toute la nature
Rendrait grace au Roi des Français :
Tribut de la reconnaissance,
Partout sa suprême influence
Dicterait des lois
Aux peuples, aux rois ;
Et l'homme en tous lieux recouvrant tous ses
Bénirait sa puissance.   [droits,

Qui jugera la différence
De ce système avec celui
Du chaos où l'insuffisance
A plongé la France aujourd'hui ;
Avec moi jurera la guerre
A ce fourbe et plat ministère,
Dont tous les faux plans,
Archi-dégoûtans,
Sont plus que jamais, dans ces derniers mo-
Fondés sur l'arbitraire.   [mens,

CE QUE LA NATION DOIT FAIRE.

Même air.

Profiter du moment propice
Pour consolider tous ses droits,

Vouloir que la loi la régisse
Et non le caprice des rois.
Qu'Orléans élu Roi par elle
Soit sous les lois mis en tutelle ;
        Que la vérité,
        De la liberté,
Étant à la fin une réalité,
        Devienne universelle.

Puisque la France est souveraine,
Il faut être en tout conséquent,
Et savoir repousser la chaîne
Qu'on nous prépare en ce moment.
Nos députés, dans leur démence,
Ayant usurpé la puissance,
        Qu'aucun ne soit plus
        Par nous reélus,
Et que ceux du centre à jamais soient exclus
        De notre confiance.

Des élections vont dépendre
De nos droits la vie ou la mort ;
Il n'est permis de se méprendre
Aux députés qui sont d'accord
Avec ce fourbe ministère
Qui seul causa notre misère ;
        Donnez donc vos voix
        A de nouveaux choix,
Qui puissent défendre et nos droits et nos lois
        Contre son arbitraire.

Dieu plaça l'homme sur la terre
Pour jouir de la liberté ;
Ses maux sont dus à l'arbitraire,
Telle est la pure vérité.
Pour relever l'espèce humaine,
Commençons par briser sa chaîne :
    Que partout les rois
    Soient soumis aux lois ;
Que tout tyran tombe écrasé sous le poids
De l'opprobre et la haîne !

LE JOUR DE LA SAINT-PHILIPPE.

HOMMAGE AU ROI.

LA VÉRITÉ.

Même air.

PHILIPPE reçoit mon hommage,
Et sois certain que dans ce jour
Tu n'entendras plus pur langage :
La vérité fuit de la cour,
La fidélité, sans jactance,
Te l'adresse avec assurance ;
    Et faisant des vœux
    Pour t'ouvrir les yeux,
En t'avertissant d'un précipice affreux,
Se livre à l'espérance.

A Charles dix ma voix fidèle
Prédit jusqu'aux derniers momens,
Où le conduirait la séquelle
Qui trahissait tous ses sermens :
Des doctrinaires la démence
Indigne-t-elle moins la France ?
    D'où vient leur pouvoir ?
    Où gît son vouloir ?
Si tu ne reviens à ton premier devoir,
    Je perds toute espérance.

Aujourd'hui tout est illusoire,
Jusqu'aux souvenirs de juillet ;
Quand le peuple, par la victoire,
Punit l'audace et le forfait
Et qu'il te remit la puissance
Ce ne fut que dans la croyance
    Que dans la vertu
    D'un monarque élu
Le bonheur serait pour lui le juste dû
    Dont il eût l'espérance.

Quand il te donnait la couronne,
Pouvait-il un instant douter
Que ta gratitude ne donne
A Quiconque eût su mériter
Des titres à ta bienveillance,
Et que dans la reconnaissance

D'un monarque élu,
Il aurait le dû
Dont tous tes sermens, tes devoirs, ta vertu,
Lui donnaient l'espérance ?

Ton cœur, par un élan sublime,
Jura que Charte et Liberté
Seraient ta constante maxime,
Et pour nous une vérité :
Tu vis dans cette confiance
Quelle fut la reconnaissance
Du peuple français
Pour tous les bienfaits
Dont sur tes sermens de si nobles projets
Lui donnaient l'espérance.

Si nous avons vu le contraire
De ce qui devait arriver,
Et que des héros le salaire
Fut de s'être vus abreuver
De dégouts, de maux, de souffrance,
Sachons discerner leur naissance :
Les conseils du Roi
Ont trompé sa foi,
Et nous attendant à leur prochain renvoi,
Vivons dans l'espérance.

Éloignons tous regards sinistres
D'un passé qui nous fait horreur ;

Le crime en fut à tes ministres,
La pureté gît dans ton cœur;
Mais sois-en assuré d'avance,
L'indignation de la France
　　S'étendrait sur toi
　　Si contre la loi
Ces fous furibonds, au mépris de ta foi,
　　Trompaient son espérance.

Demain, sans doute les gazettes
Répéteront les plats discours
Qu'à tous venans dans ses tablettes
La bassesse trouve toujours;
Mais, je le demande à la France,
De qui louera, ce qu'elle pense,
　　Quand Perrier, Vivien,
　　Ne respectant rien,
Ni sermens, ni lois, ni droits du citoyen,
　　Nous ôtent l'espérance?

Ce petit nombre de couplets eu dira plus à quiconque voudra réfléchir, que n'eût pu le faire un gros volume. Leur vérité frappera tous les yeux.

LE SALUT DE LA FRANCE.

Le salut de la France consiste dans les électeurs et à voir les choses telles qu'elles sont ; je vais en présenter le résumé le plus concis. — Trois partis divisent les esprits et les opinions.

Le premier, celui du gouvernement. Effrayé de son illégitimité, il cherche son salut dans le machiavélisme et sous le nom de *juste milieu*, présentant d'un côté le leure de la paix, et de l'autre répandant l'épouvante du retour aux horreurs de 93, il se flatte d'attirer vers lui les votes des hommes timides et assez aveugles pour croire à sa droiture et à sa sincérité.

Mais si tous les efforts des ministres de Charles X ont échoués devant le discernement des électeurs, à plus forte raison la duplicité du ministère actuel et l'astuce de ses manœuvres ne sauraient échapper à leur sagacité. Les électeurs ne doivent donc réélire aucun des députés qui, ayant abusé de leur confiance, ont indiqué leur corruption, ou fait preuve de nullité.

Le second, celui dit *des républicains.* Les gens sages doivent considérer que les préventions des neuf dixièmes de la population de la France, le temps qui s'est écoulé, l'époque de la saison, l'Europe armée et prête à saisir le premier moment de nous attaquer, rendent, sinon impraticable, au moins très imprudent le recours à cette forme de gouvernement. Ils ne peuvent donc mieux faire que de se réunir sous la bannière du Roi élu ; mais toutefois en prenant les précautions nécessaires pour que, non plus cette idole des préjugés passés, mais ce troisième pouvoir de l'état soit entouré de limites qu'il ne puisse désormais ontrepasser.

Le troisième, dit *des carlistes*; celui-ci est si peu nombreux, que la prudence devrait lui imposer plus de retenu. Quant au parti prêtre, s'il remue; gare à lui!...

Les députés doivent être choissis parmi les hommes fermes et indépendans, disposés à reconnaîrre l'élévation de la branche d'Orléans à la couronne, comme Monarque élu; mais en même temps déterminés à consolider tous les droits du peuple français.

Si le Roi est bien conseillé, il ira au-devant des demandes qui seraient exigées, il se mettra à la tête du système dit *du mouvement*; c'est le seul moyen d'en empêcher les écarts. En le dirigeant vers le vrai, vers le bien, il pourra alors, avec confiance et sécurité, se présenter devant l'Europe dans la latitude qui convient au Roi des Français.

Si le Roi, au contraire, cherche à soutenir un système aussi faux, un ministère dégoutant à tant de titres, et qu'une nouvelle révolution en devienne la suite, *ce que nous devons tous chercher à éviter;* le seul parti à prendre serait forcément celui de la plus extrême vigueur et de la plus active célérité.

J'engage toute personne à envoyer cet écrit en province à chaque électeur de sa connaissance; chacun peut remettre à mes bureaux une liste des noms auxquels il devrait être adressé; le prix est de 3 sous; je leur garantis qu'ils seront mis à la poste le jour même, et je me charge de l'affranchissement.

N'en voulant faire aucunement un objet de spéculation, je donne pouvoir à tous les imprimeurs de province de le réimprimer et vendre à leurs profits, et les y engage même au nom du bien public et du salut de la patrie, sous la condition d'y placer le present dossier.

LE RÉGÉNÉRATEUR,

Est le titre d'un ouvrage religieux, moral, historique, philantropique, dédié à la gloire des rois et dévoué au bonheur de l'homme, et non pas un journal ; délivré par livraisons, dont 38 ont paru ; 12 restent à publier. Le prix de la souscription est de 12 francs. L'*Epître au roi Charles X*, 2 fr.

Pour déjouer les continuelles vexations de la police et lui ôter jusqu'au prétexte de mettre entraves aux vérités que je publie, en dépit du furibond banquier, du facétieux ministère public, et de l'ingénu maître Vivien, j'ai adopté de chanter leurs prouesses, quoique jusqu'à présent les sons de ma lyre ne paraissent point avoir été des plus agréables à leurs chastes oreilles, je dois candidement avouer que ce fut le moindre de mes soucis, et que je suis moins disposé que jamais à en radoucir le ton.

Huit chansons ou écrits semblables au modèle que vous avez sous les yeux, et composant de 130 à 150 pages d'impression, forment une série. La souscription est d'un franc et demi-franc de port. On s'abonne à Paris aux bureaux du Régénérateur ; en province, chez tous les directeurs des postes. Cette extrême modicité du prix portera sans doute chacun à en faire un essai. Un écrit des plus intéressant, publié ce jour même, termine la seconde série. La troisième commencera les premiers jours de juin.

Toutes lettres doivent être affranchies.

IMPR. DE BELLEMAIN, RUE SAINT-DENIS, N° 208.